C000064443

ANNIVERSARY

ADULT COLORING BOOK

THIS BOOK BELONGS TO:

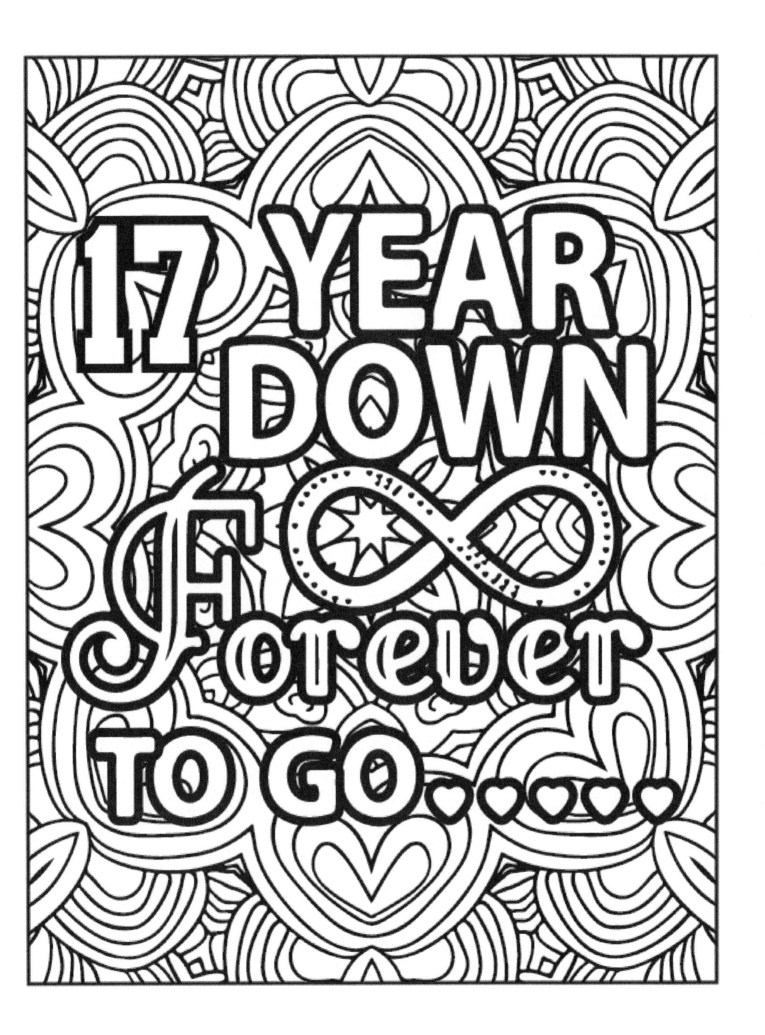

MARRIED
17 years
AND LOOKING FORWARD TO
FOREVER

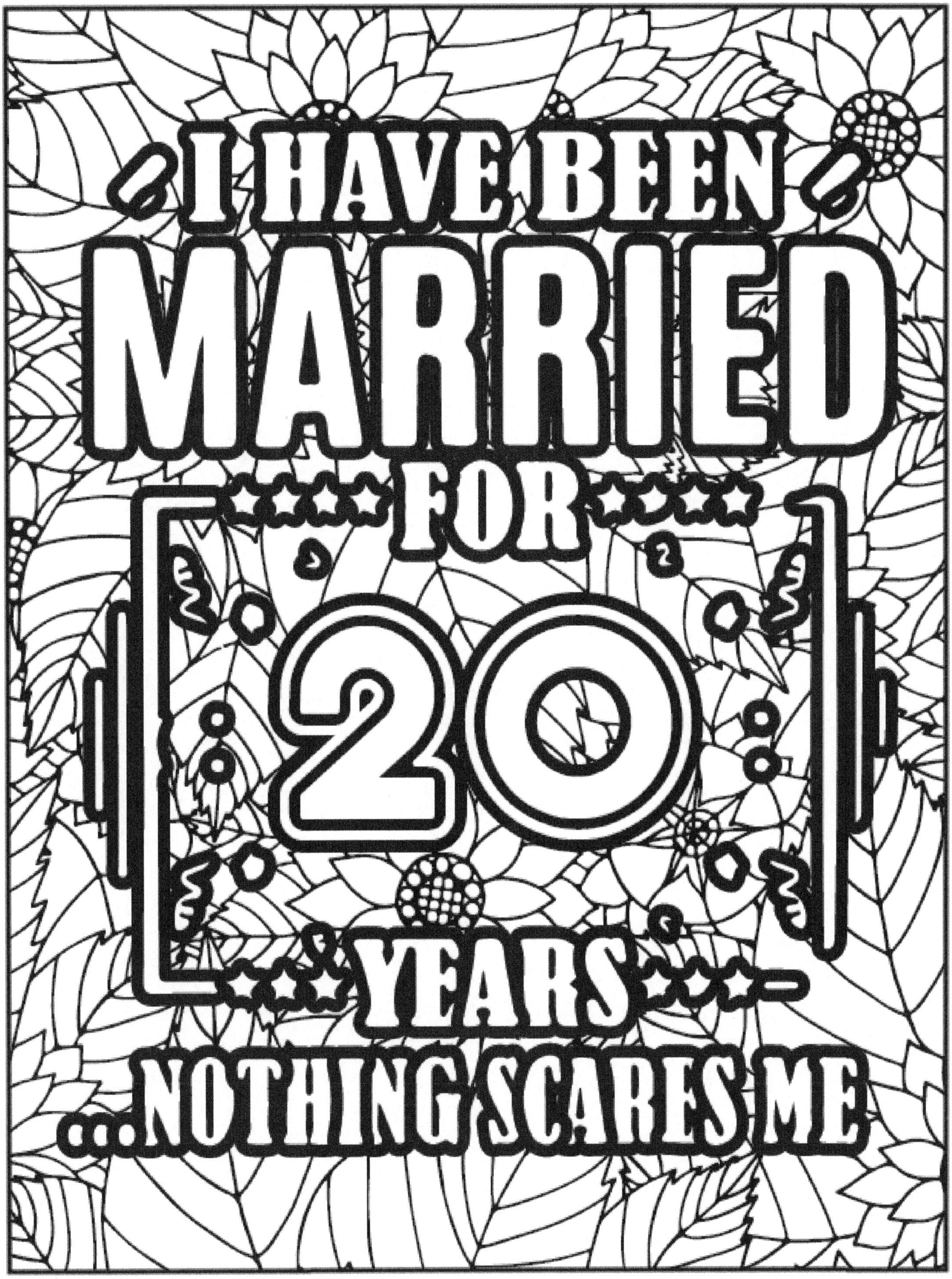
I HAVE BEEN
MARRIED
FOR
20
YEARS
...NOTHING SCARES ME

I HAVE BEEN
MARRIED
FOR
17
YEARS
...NOTHING SCARES ME

MARRIED
17
YEARS
and looking forward to
FOREVER

17
YEARS
AND STILL IN
LOVE

17 YEAR
DOWN
Forever
TO GO....

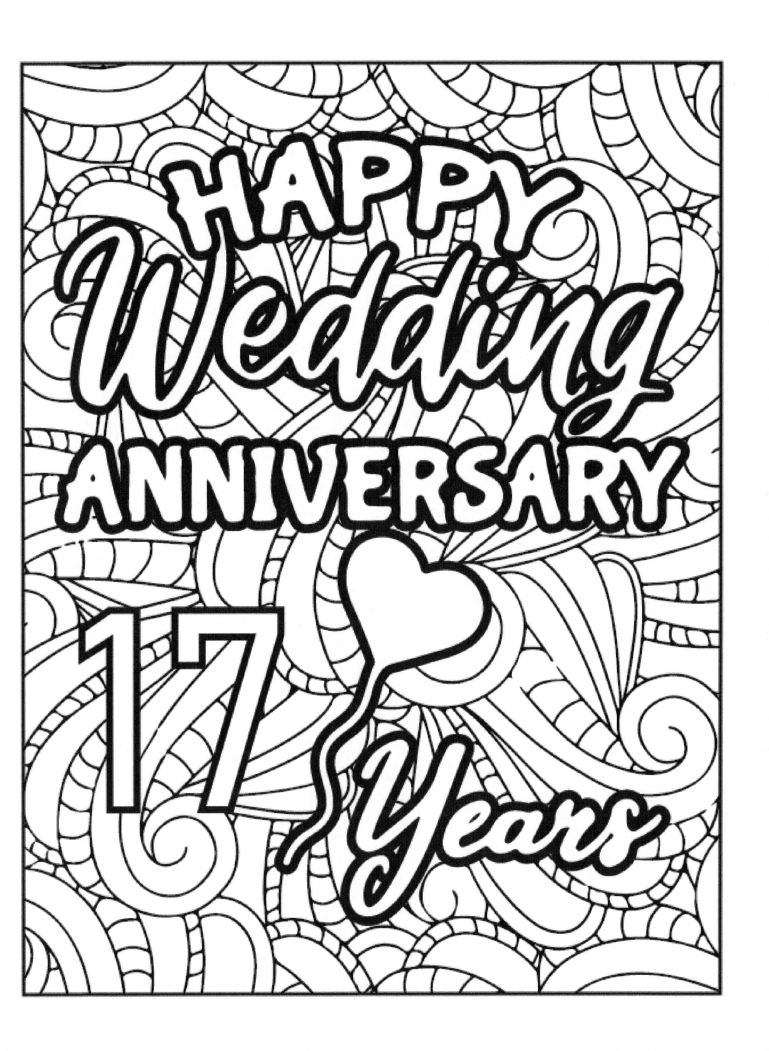

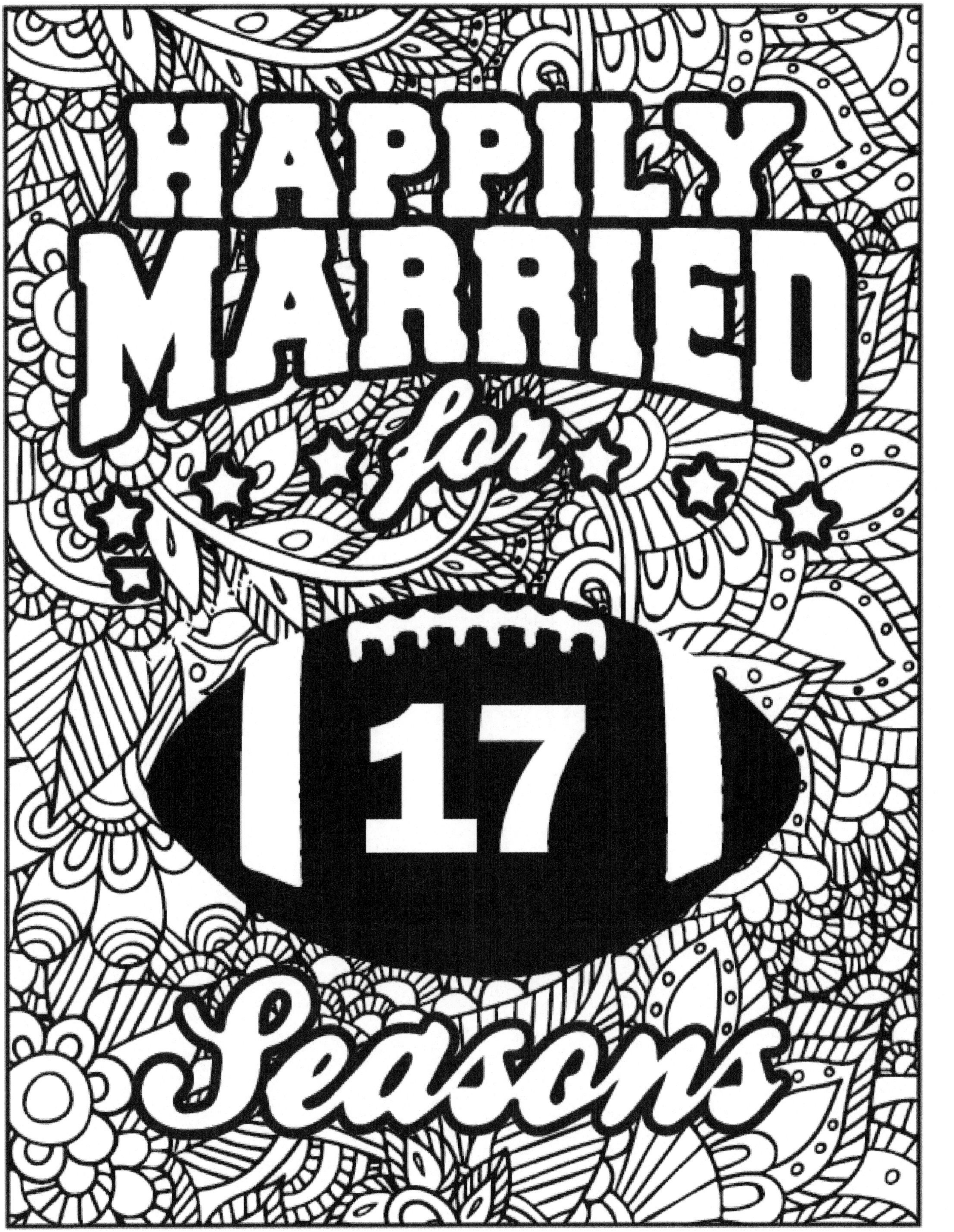
HAPPILY
MARRIED
for
17
Seasons

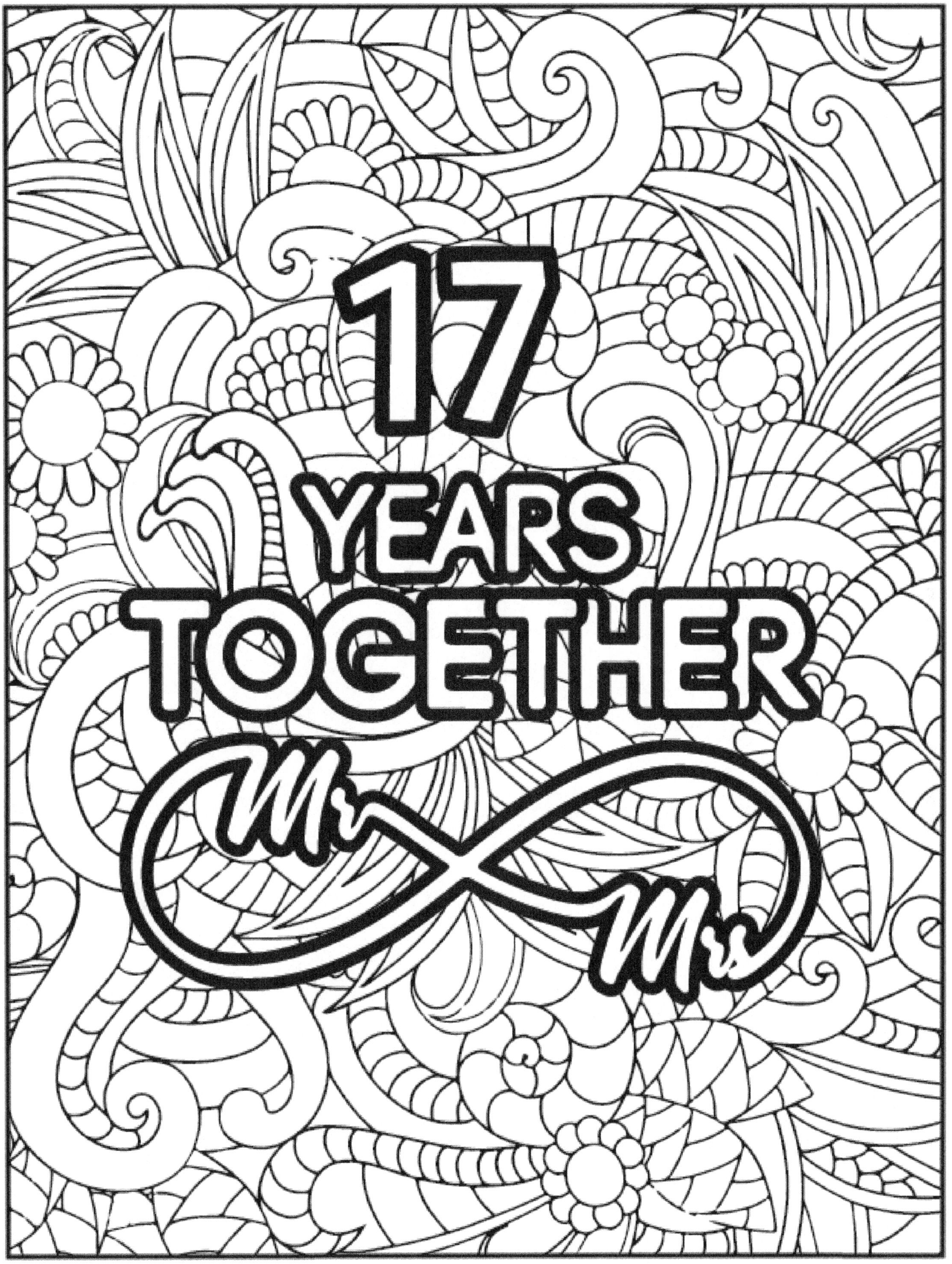
17
YEARS
TOGETHER
Mr
Mrs

HAPPY
Wedding
ANNIVERSARY
17
Years

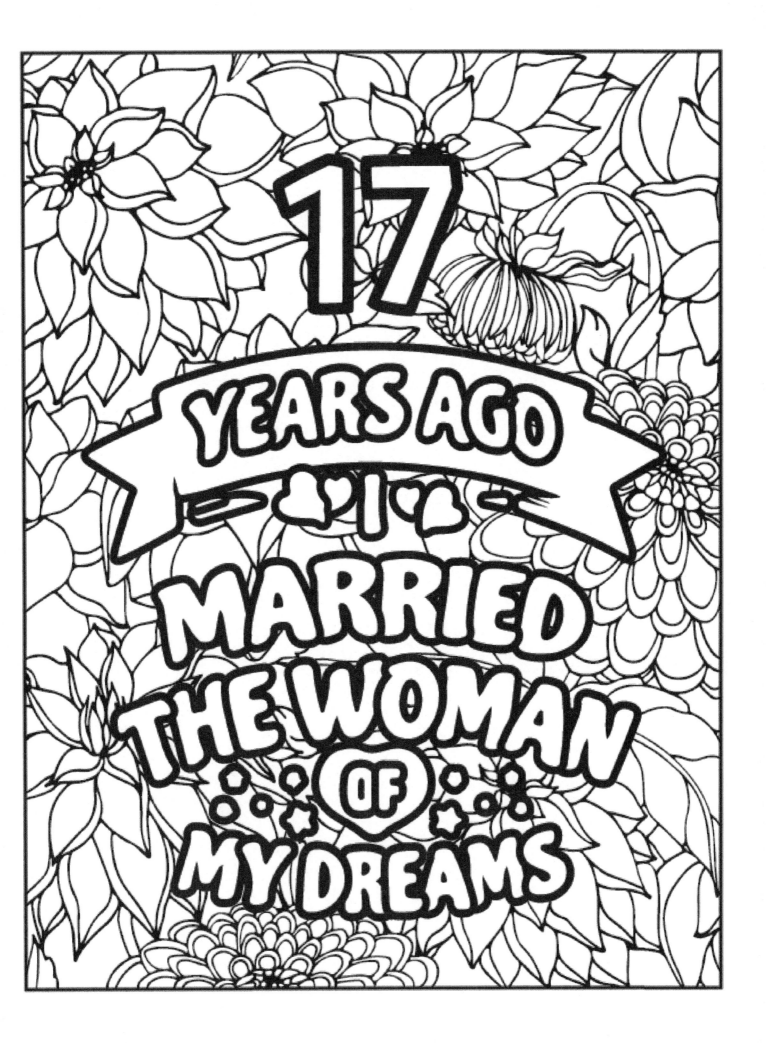

17
YEARS AGO
I
MARRIED
THE WOMAN
OF
MY DREAMS

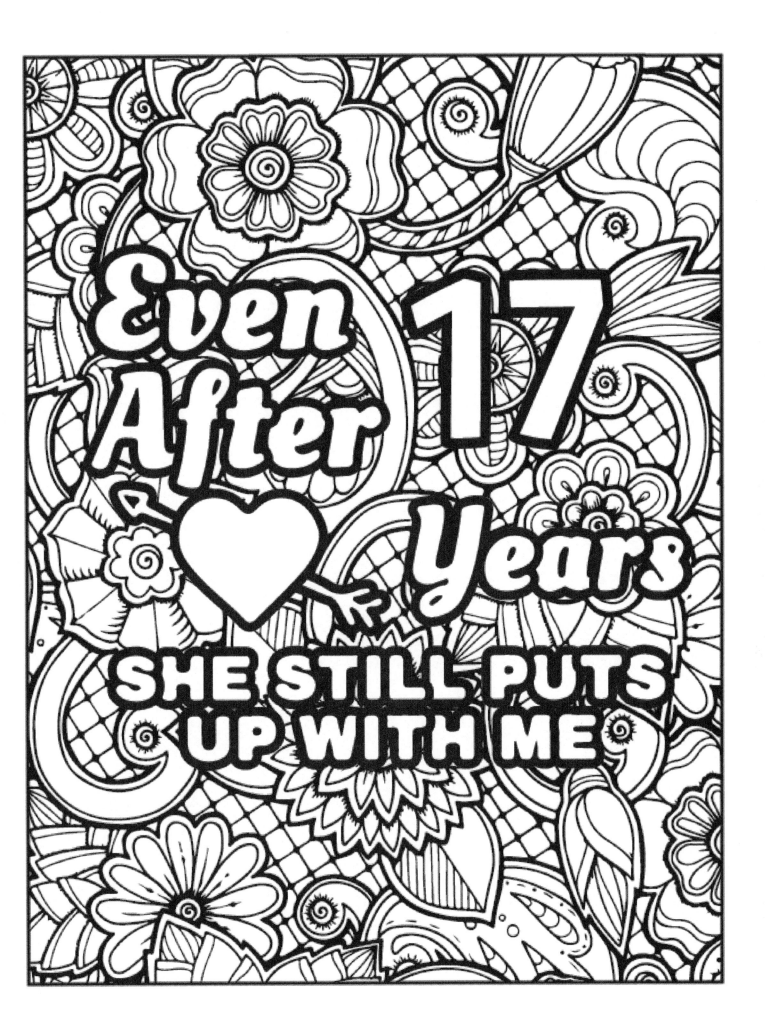

Celebrating
17
Happy Anniversary
Years Together

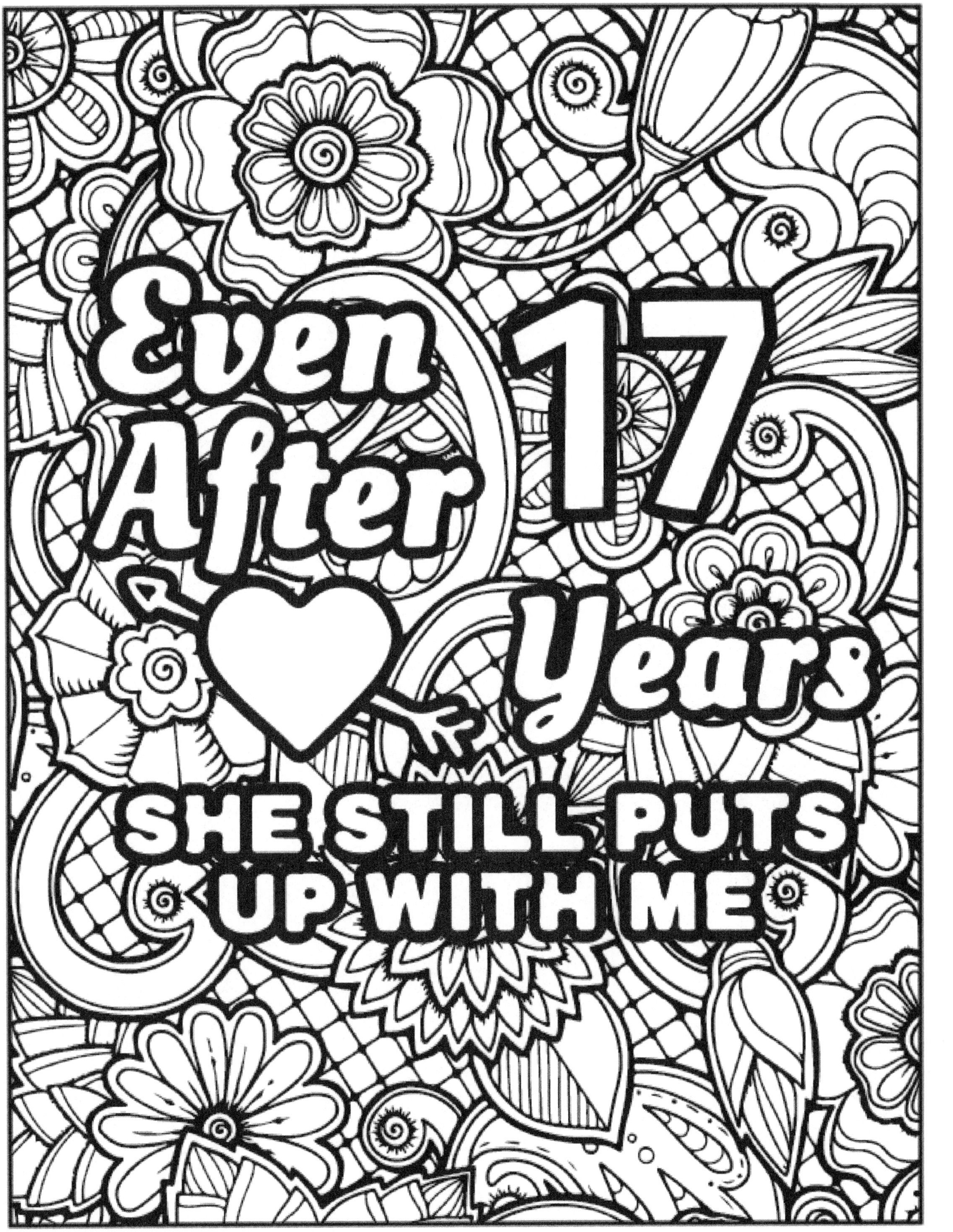
Even After 17 Years
SHE STILL PUTS UP WITH ME

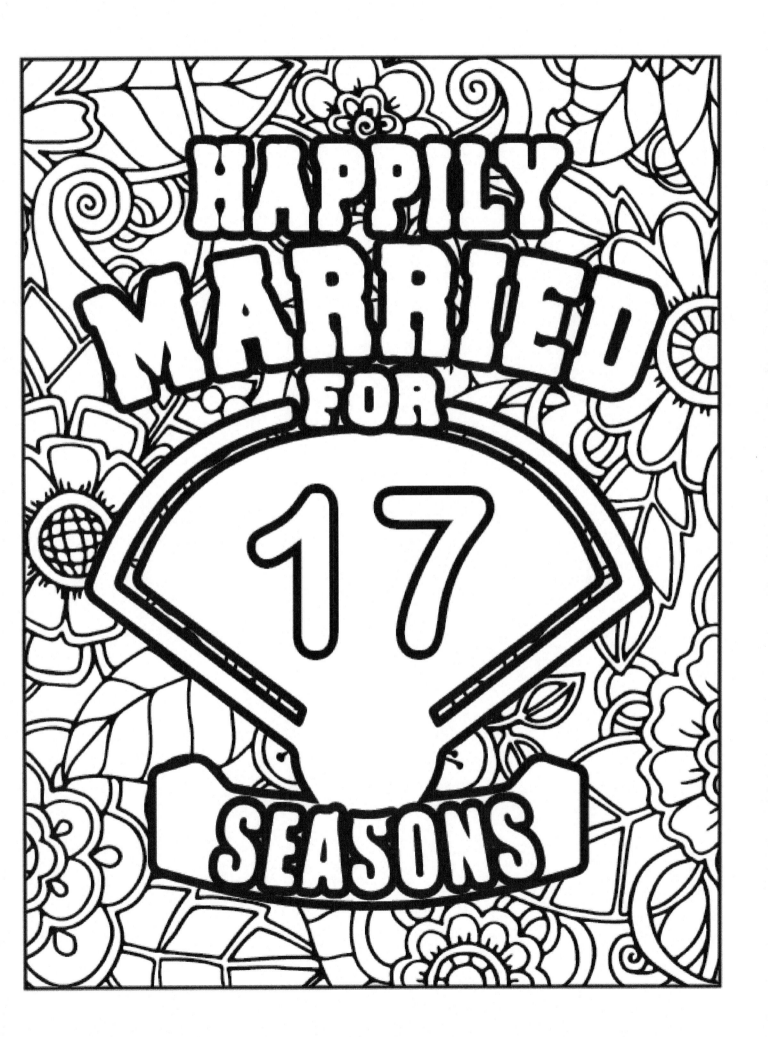

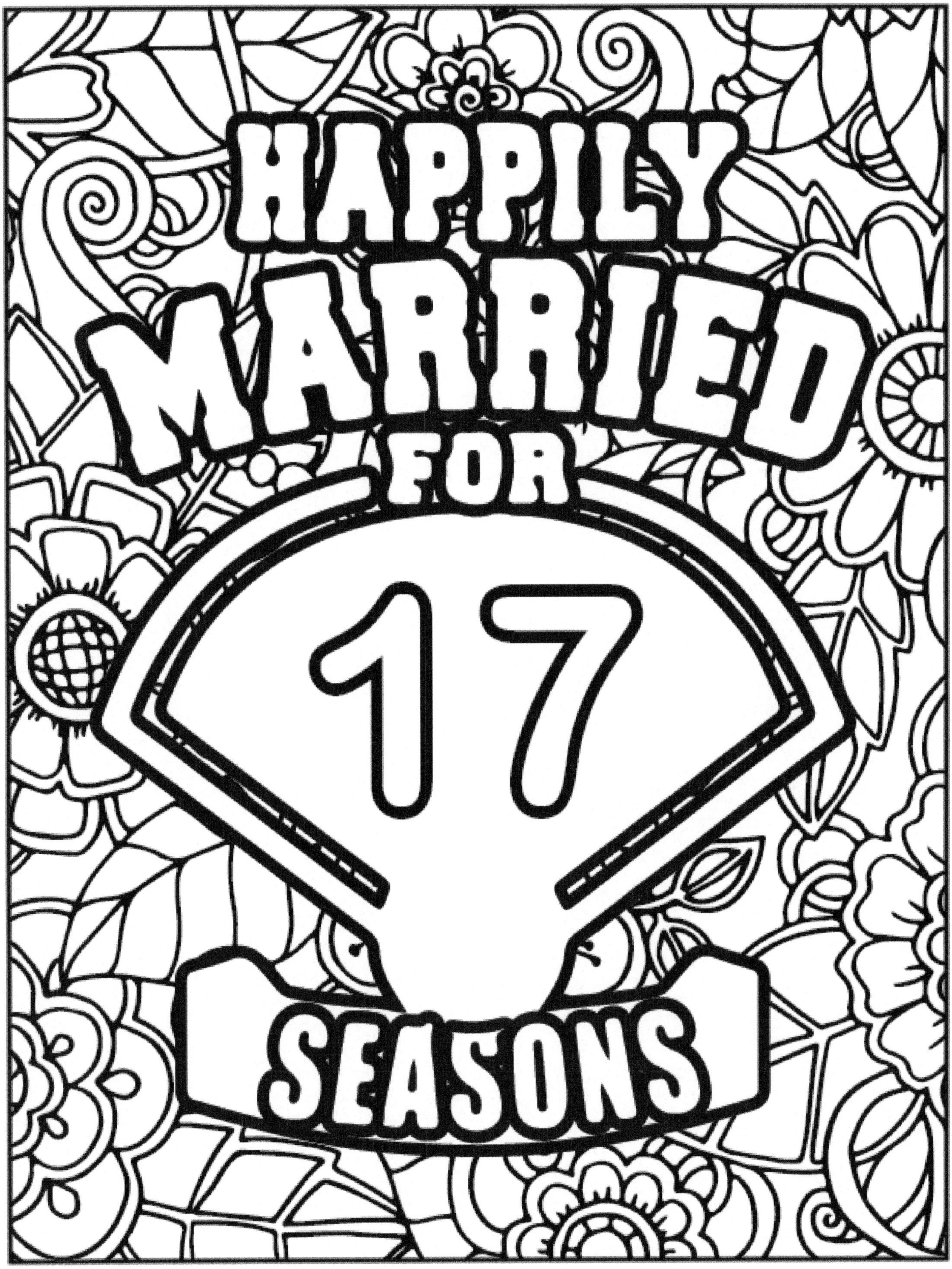
HAPPILY
MARRIED
FOR
17
SEASONS

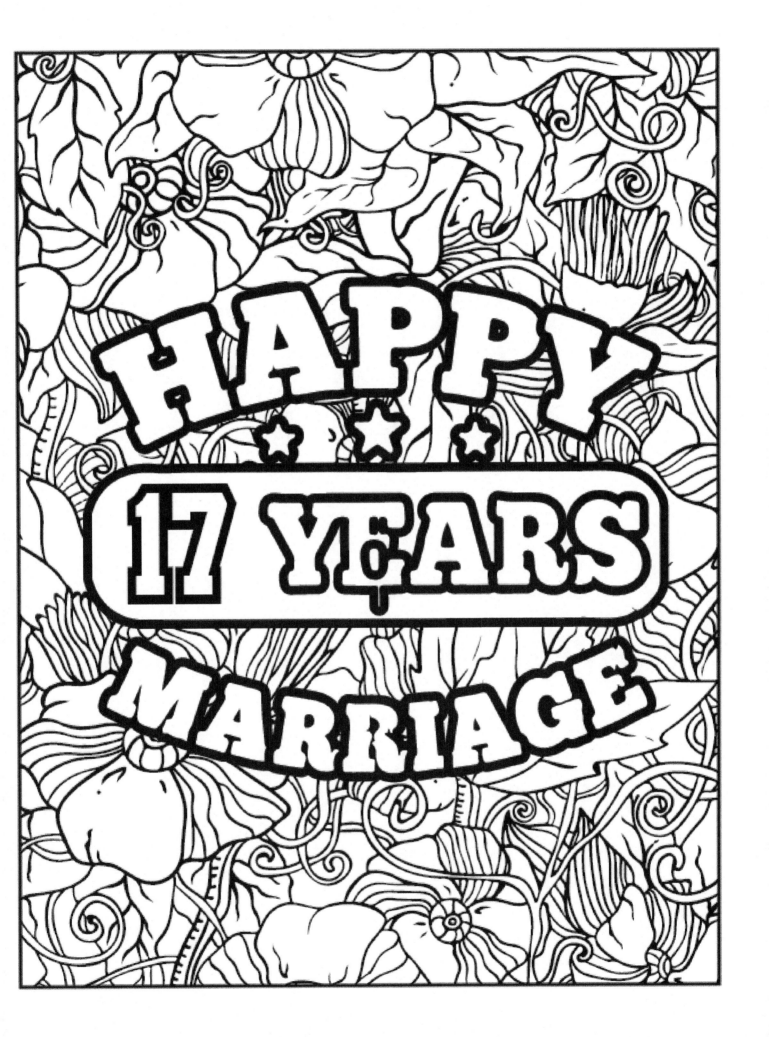

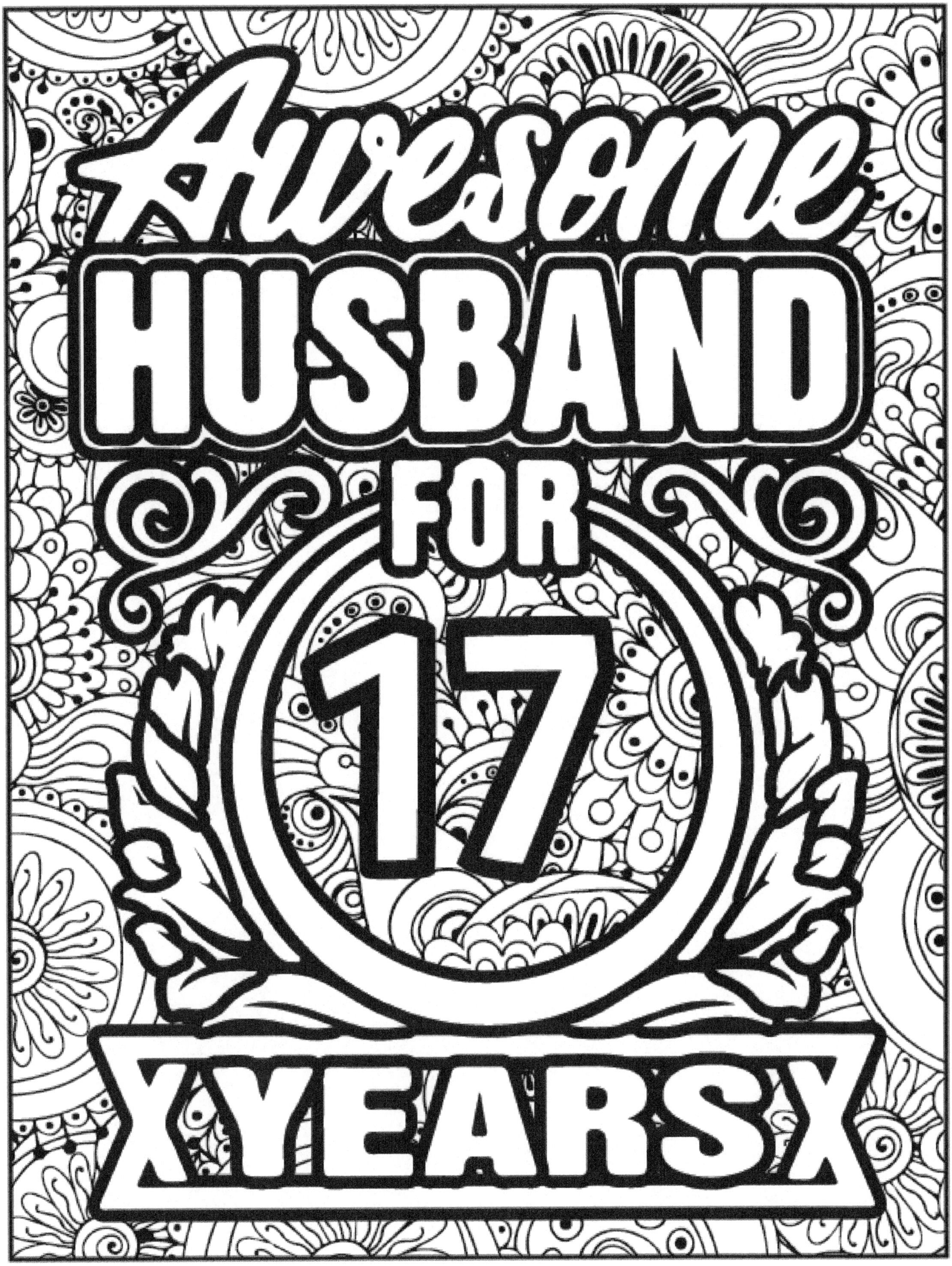
Awesome
HUSBAND
FOR
17
YEARS

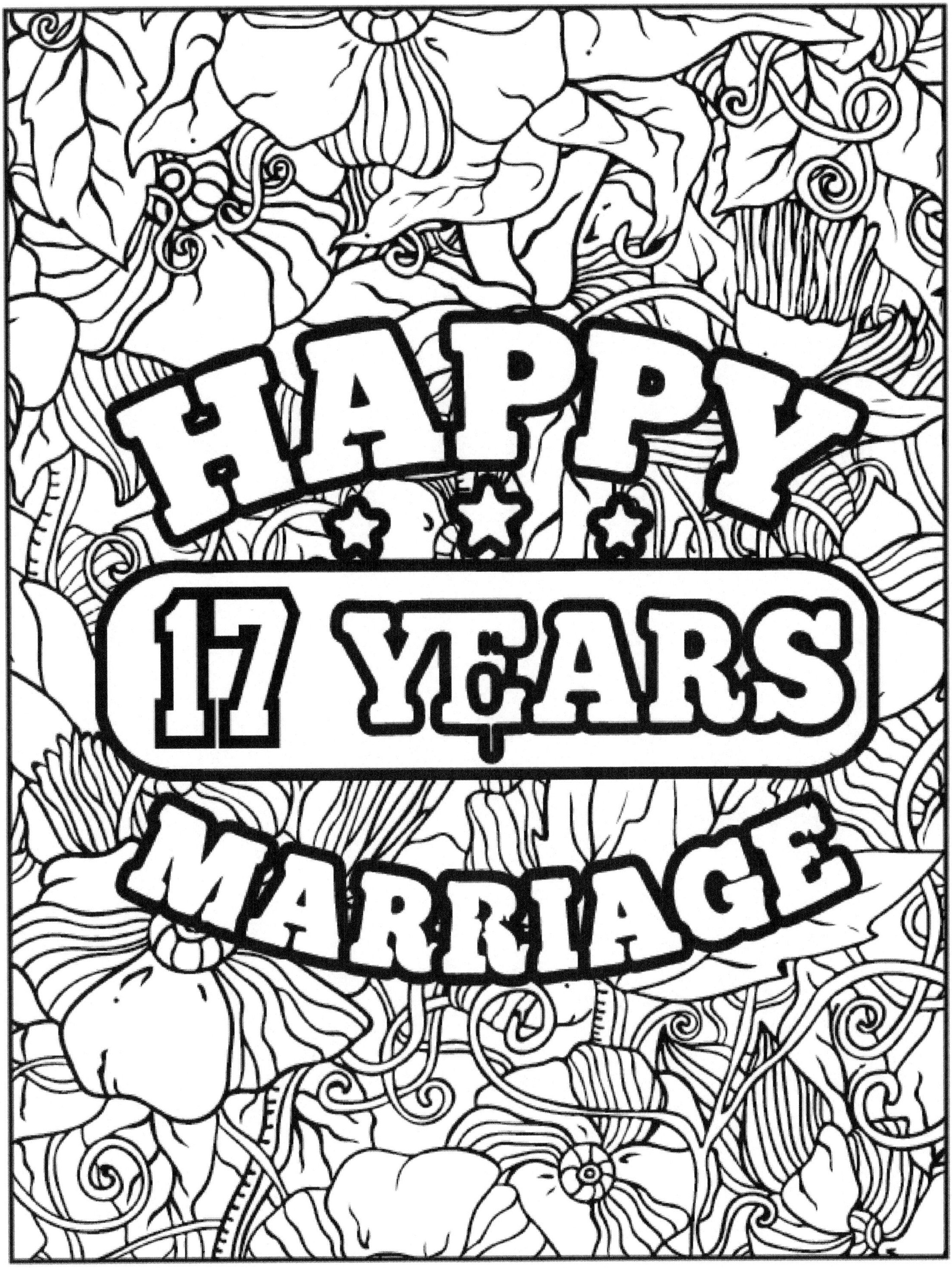
HAPPY
17 YEARS
MARRIAGE

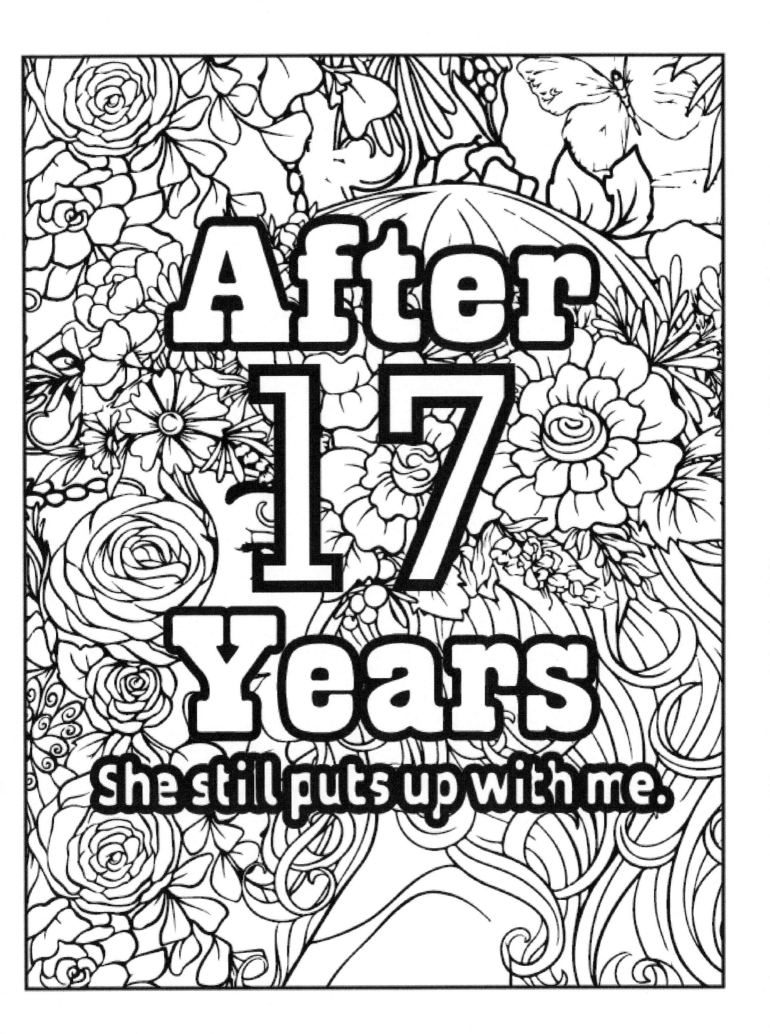

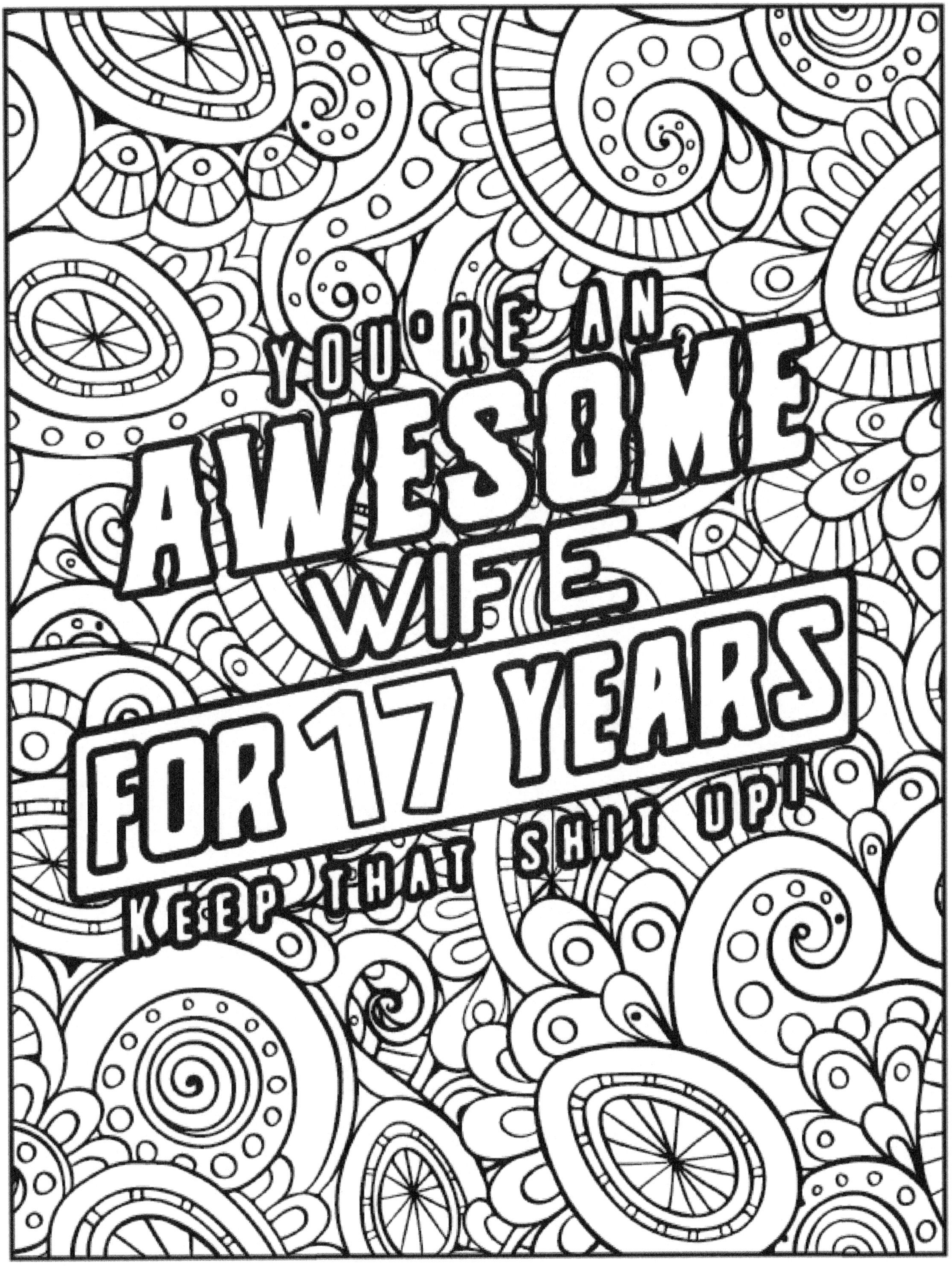
YOU'RE AN
AWESOME
WIFE
FOR 17 YEARS
KEEP THAT SHIT UP!

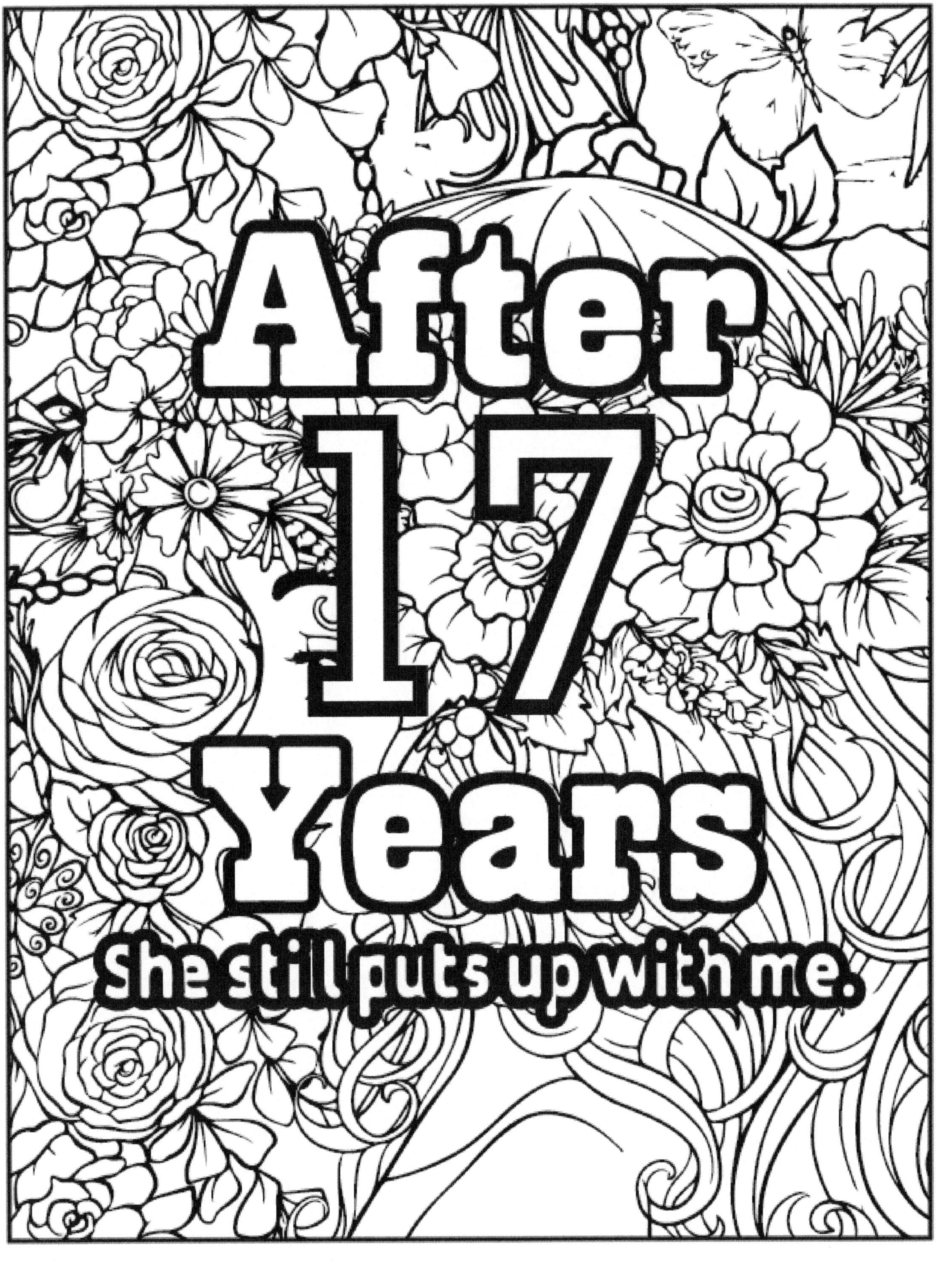
After
17
Years
She still puts up with me.

17
Awesome
YEARS

17
year together

17th
Wedding
Anniversary

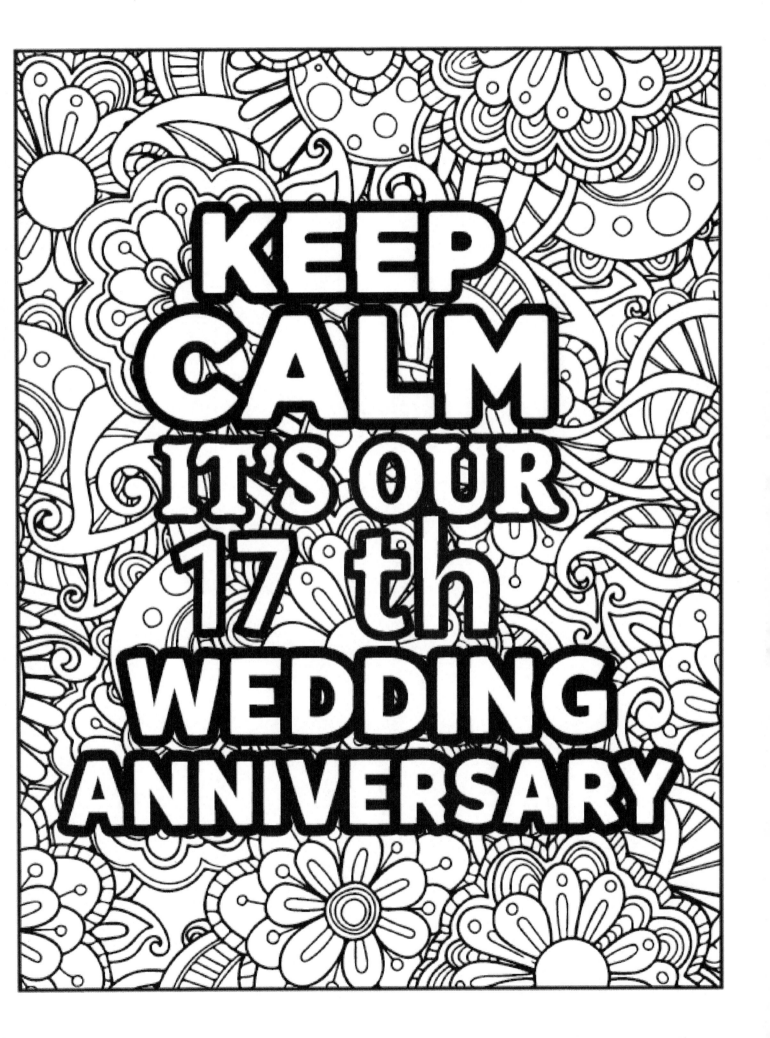

17th
ANNIVERSARY
Cruise

IT'S OUR
17 th
Anniversary

KEEP
CALM
IT'S OUR
17 th
WEDDING
ANNIVERSARY

OMG!
IT'S OUR
17 th
ANNIVERSARY

Printed in Great Britain
by Amazon

40529166R00031